AF467174

LE BILAN

DE L'EMPIRE

PAR

J. E. HORN

« Les chiffres gouvernent le monde..... Non; mais ils disent comment il est gouverné. »

GOETHE.

DEUXIÈME ÉDITION

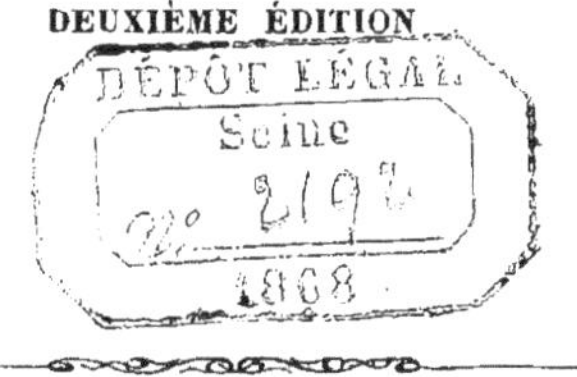

PARIS
E. DENTU, LIBRAIRE-ÉDITEUR
GALERIE D'ORLÉANS, 17 ET 19, PALAIS-ROYAL.

1868

LE

BILAN DE L'EMPIRE

I

A quel prix, dans la France du jour, fonctionne la machine gouvernementale? Qu'est-ce que nous coûte l'Empire ?

Il ne s'agit, pour le moment, que du coût matériel et direct. La réponse sera demandée aux seuls documents officiels et acceptée telle qu'ils la fournissent. Les comptes de l'administration des finances, définitivement réglés ou préparés pour le règlement, vont jusqu'à la fin de l'exercice 1866. Cela permet d'embrasser un espace de temps de quinze ans (1852 à 1866) : la durée moyenne ou à peu près d'un règne dans la France moderne.

Nous ne dresserons, toutefois, ni n'examinerons les comptes année par année. La surcharge de chiffres écraserait cette modeste esquisse, et inutilement fatiguerait le lecteur. Nous nous en tiendrons, la plupart du temps, aux chiffres généraux. Lorsque le détail semblera opportun, nous grouperons en trois périodes d'égale longueur les quinze années sur lesquelles portent nos investigations. C'est, dans l'espèce, une spécialisation très-suffisante.

Disons plus : la tendance et la marche des faits budgétaires sont mieux saisies et jugées sur des données quinquennales que sur des chiffres annuels, souvent affectés par des faits passagers.

Voyons, sans plus de préambule, quelles ont été les dépenses publiques faites durant les quinze premières années de l'Empire ; nous disons « de l'Empire, » en demandant une fois pour toutes la permission, ne fût-ce que dans l'intérêt de la brièveté et de la simplification, de ne pas séparer l'année intermédiaire qui suit le 2 décembre 1851 du règne auquel elle se rattache si intimement. Les dépenses des années 1852 à 1866 se sont élevées aux chiffres que voici :

Périodes quinquennales.	Ensemble des dépenses.	Moyenne par année.
Années 1852 à 1856	9,643,778,793 fr.	1,928,755,759 fr.
1857 à 1861	10,213,760,472	2,042,752,094
1862 à 1866	11,134,809,436	2,226,961,987

Ce qui fait UN TOTAL GÉNÉRAL D'ENVIRON TRENTE ET UN MILLIARDS DE FRANCS, *et une moyenne générale de deux milliards et soixante-six millions par an* (1).

Est-ce peu ? est-ce beaucoup ? est-ce trop ? Tout est relatif dans ce bas monde, le chiffre surtout. Les grosses sommes n'effraient plus par elles-mêmes. C'est une affaire de proportionnalité. Il faut peser, mesurer, comparer, pour sainement apprécier les chiffres et les juger. Concernent-ils les dépenses publiques, il faut comparer les exigences du jour à celles de la veille ; il faut voir le rapport entre les charges du pays et ses facultés contributives ; il faut examiner encore et surtout l'emploi que reçoivent les deniers des contribuables. L'ensemble de ces données peut seul faire apprécier avec sûreté la gestion et la situation financières de l'État.

II

Impossible de ne pas être frappé, à l'inspection du petit tableau qui précède, de la progression forte et continue des dépenses. Comparez la seconde période quinquennale (1857-61) à la première (1852-56), les dépenses se trouvent accrues de cinq cent soixante-

(1) Pour préciser : 30,992,348,701 fr., et respectivement 2,066,165,580 fr.

dix millions; comparez la troisième période quinquennale (1862-66) à sa devancière immédiate, nouvelle augmentation de neuf cent vingt et un millions. De la première à la troisième période, la progression est presque d'un milliard et demi (1), ou près de trois cents millions de francs sur la moyenne annuelle des dépenses.

Le point de départ avait-il été assez bas pour permettre une telle progression? Aucunement. Dès le début, l'Empire a dépassé ses devanciers. La période quinquennale qui le précédait (1847-1851) n'avait présenté qu'un compte total de dépenses de 7 milliards 981 millions. Ainsi, du premier bond (1852-56), le gouvernement impérial excédait, en moyenne, de 333 millions par an les budgets précédents. Après un bond aussi violent, l'arrêt ou même le recul semblait indiqué. C'est le contraire qui arrive. On va à l'avant et toujours à l'avant.

Aussi la progression est-elle énorme si, laissant de côté l'époque si tourmentée de 1847-51, l'on compare l'ensemble des quinze premières années de l'Empire aux quinze années normales du gouvernement de Juillet. Dans l'espace de temps compris entre 1832 et 1846, le total de nos dépenses publiques s'était monté à 19 milliards 38 millions de franes. La différence, à la charge des années 1852-1866, est de près de douze milliards ; autrement dit : l'Empire nous fait dépenser *huit cents millions* de plus par année que nous n'en avions dépensés antérieurement.

III

C'est évidemment aller trop vite et dépasser toute limite raisonnable. Une charge annuelle de 2 milliards 227 millions (moyenne des années 1862-66) est trop lourde, même pour la France du jour; peut-être faudrait-il dire : surtout pour la France du jour.

Le dernier recensement dont les détails soient connus (1861) trouvait la population française groupée en 9 millions 747,029 ménages ; près de onze cent quatre-vingt mille ménages, toutefois, n'embrassaient qu'une seule personne chaque. Ces solitaires, pour des raisons faciles à saisir, sont de médiocres contribuables. Fort probablement va-t-on au de là dela réalité des choses en regardant, au point de vue des contributions, deux ménages solitaires comme

(1) Exactement : 1,491,030,643 francs.

équivalant un ménage réel, une famille composée de deux personnes et plus. Le nombre des familles s'établirait, pour 1861, à 9,157,000; pour 1866, grâce à l'augmentation (680,780) que le recensement de cette année fait ressortir sur le nombre des habitants, il y aurait, chiffre rond, 9 millions 327,000 familles. Eh bien! répartissez entre elles les 2 milliards 227 millions de dépenses annuelles; la quote-part est de 240 francs par famille.

Les familles françaises peuvent-elles, dans leur grande majorité, détourner annuellement pareille somme, sans trop en souffrir, des ressources destinées à les faire vivre? J'en doute, et fortement. Des évaluations récentes, dues à des économistes autorisés et basées sur des faits positifs, portent à mille francs le revenu annuel par famille en France. L'évaluation ne pèche guère par trop de réserve. Prenez l'industrie capitale, l'agriculture, qui embrasse plus que la moitié de la population (1), soit quatre millions 600 familles. Combien n'y a-t-il pas, même sur les 2,250,000 familles de propriétaires-exploitants, sur les 1,125,000 familles de fermiers et de métayers, qui aspirent en vain à un revenu net de mille francs par an? Le nombre doit en être fort considérable, avec l'excessif morcellement des propriétés et des exploitations qui caractérise l'agriculture française. Inutile de dire que sur les 1,340,000 familles occupées comme journaliers et ouvriers agricoles, la dixième partie à peine atteint un revenu de mille francs par an. Ce revenu suppose trois cents jours de travail rapportant plus de trois francs chaque : c'est la rare exception en agriculture.

Même dans l'industrie manufacturière, malgré la régularité et la continuité mieux assurées du travail, malgré l'accroissement général des salaires depuis quelques années, le revenu net de mille francs par an n'est pas, tant s'en faut, le lot de la grande majorité. Sur les 530,000 familles qu'absorbe (recensement de 1861) l'industrie du bâtiment; sur les 485,000 familles qu'occupe l'industrie de l'habillement; sur les 416,000 familles qu'entretient l'industrie de l'alimentation; sur les 300,000 familles que fait vivre l'industrie des transports : les familles de « patrons » exceptées, il y en a peu qui arrivent à se faire un revenu net de mille francs par an. A Paris même, — la statistique dressée par la Chambre de commerce en fait foi, — il faut avoir eu la main heureuse dans le choix du métier pour ne pas subir, en dehors des dimanches et fêtes, deux mois de chômage par an; il faut être habile dans son

(1) Lors du recencement de 1861, les familles vouées à l'agriculture prenaient 19,873,493 habitants sur une population de 37,386,313 habitants.

métier pour se faire payer, aidé même de tel ou tel membre de la famille, à raison de cinq francs chacune les 240 journées de travail effectives. Calculez. Cela ne fait encore que douze cents francs de revenu brut (sans défalcation pour outils, loyer et éclairage de l'atelier, etc.) pour la minorité privilégiée à Paris. La majorité dans Paris même, la presque totalité des travailleurs dans les départements, n'y parvient certainement pas.

On sera donc fort large en portant à mille francs par an, *pour la grande majorité,* le revenu net de la famille française. Prélever sur ce revenu une contribution de 240 francs, c'est l'amoindrir d'*un quart* presque. Le prélèvement est excessif.

Les preuves surabondent. A chaque pas, vous coudoyez aujourd'hui des familles que les exigences directes et indirectes du fisc et de l'octroi condamnent à végéter, quand les fruits de leur travail leur permettraient de vivre.

IV

On essaie d'atténuer en contestant l'*effectivité* du total budgétaire, base de nos appréciations. Il y a, dit-on, des réductions à opérer pour charges nominales ou à peu près. Les exposés des motifs dans les lois des finances et les discours budgétaires des ministres s'évertuent, en effet, à diviser, à couper, à élaguer. Sous prétexte d'ordre et de clarté, l'on établit des classifications sans fin, grâce auxquelles le public de moins en moins sait s'orienter dans notre dédale budgétaire. Regardons de plus près. Qu'y a-t-il de fondé dans ces élagations et atténuations ?

Je ne m'arrête guère aux distinctions stéréotypées entre le budget ordinaire et le budget extraordinaire, entre les budgets primitifs et les budgets rectificatifs, entre le budget principal et le budget complémentaire. A supposer que, pour l'enchaînement des dépenses et pour l'ordre des comptes, ces classifications aient une certaine valeur, elle n'existe pas au point de vue du résultat, qui seul ici nous intéresse. A cette pauvre gent contribuable, qui a dû fournir les trente et un milliards de francs dépensés de 1852 à 1866, peu importent le titre et l'étiquette dont étaient affublées les exigences du fisc. J'écarte également, comme étant hors de cause, la question des dépenses dites d'ordre (1); elles ne sont

(1) Pour l'exercice courant (1868), elles sont portées à 109 millions 644,484 francs. (Loi des finances du 31 juillet 1867.)

point comprises dans les comptes budgétaires qui précèdent ou qui suivront. Restent deux grands chapitres que l'administration aime aujourd'hui à mettre de côté, comme hors d'œuvre, lors de l'établissement des budgets. La prétention est des moins fondées.

Il s'agit d'abord des « frais de régie, de perception et d'exploitation des impôts et revenus publics » : 224 millions en 1866. Pourquoi élaguer ce chapitre? Les frais généraux ne font-ils pas partie intégrante de toute exploitation? Il est vrai que cette partie du revenu public, au lieu de fournir la solde des troupes ou les appointements d'employés de bureaux, va couvrir les remises accordées aux percepteurs, payer les gages des porteurs de contraintes, des douaniers, des gardes forestiers ; qu'importe ! L'argent en sort-il moins des poches des contribuables et son manque s'y fera-il moins sentir? Ces 224 millions font partie, comme tout le reste de l'impôt, du revenu des contribuables; ils sont, comme tout le reste de l'impôt, dépensés par d'autres qu'eux-mêmes et pour des besoins autres que leurs besoins individuels : voilà l'essentiel.

Tout au plus y aurait-il à défalquer les sommes dépensées pour achat et fabrication des tabacs. C'est une simple avance faite aux fumeurs ; ils la rembourseront dans le prix des tabacs et des cigares. Elle a pris (en 1866) soixante-deux millions de francs sur les « frais de régie, de perception et d'exploitation » ; tenons-en bonne note. Ajoutons y les cinquante-un millions qu'a coûté la poste aux lettres. Ce n'est encore qu'une avance ; remboursé sous forme de port de lettres par tous expéditeurs et destinataires de correspondances, cet argent se retrouve au chapitre de recettes. Mettons encore, pour fabrication de la poudre destinée à la vente et pour quelques dépenses — avances analogues, une douzaine de millions. Ce serait en tout une réduction de cent vingt-cinq millions à opérer sur le total de 2 milliards 227 millions qu'atteint la charge budgétaire annuelle, dans la moyenne aujourd'hui largement outrepassée des années 1862 à 1866.

Par malheur, cette unique réduction légitime est plus que contrebalancée par ce qu'il faut ajouter ailleurs : à un chapitre précisément que l'administration aime à écarter tout entier du compte des charges contributives. C'est le « budget des dépenses sur ressources spéciales ». Cet argent, allègue-t-elle, ne fait que traverser les caisses de l'État pour se déverser dans les caisses des départements et des communes, qui le dépensent. Soit. Et puis? Les 271 millions que ce budget absorbait en 1866 ont-ils été, oui ou non, fournis par les contribuables et absorbés par les dépenses publiques? C'est toute la question. L'emploi donné aux revenus publics ne nous occupe pas dans ce moment ; tantôt nous y arriverons. C'est le montant des charges que nous établissons ; or, les 271 millions du « budget des dépenses sur ressources spéciales » sont pris sur le revenu des contribuables, et par conséquent constituent une très-effective charge budgétaire. Elle est plus forte même que ne la dit le budget général ; elle s'accroît de toutes les exigences particulières des départements et des communes.

Voyons la capitale. Est-ce que les 240 francs que chaque famille y fournit annuellement aux budgets de l'État (1) la libèrent complètement ? Bien s'en faut. Les Parisiens ont à pourvoir, en sus, aux exigences du plus formidable des budgets municipaux ; pour 1868, il ne demande pas moins de deux cent quarante-cinq millions ! Les « centimes communaux », c'est-à-dire la part encaissée par l'État, et qui déjà a figuré dans les charges générales, ne fournit pas même la cinquantième partie (environ 3 1/3 millions) de cette somme. L'immense reste est une charge nouvelle, une surcharge. Diminuons-la — ne fût-ce qu'en retour des dégrèvements sur certains impôts généraux que les « abonnements » de l'administration municipale procurent aux contribuables parisiens — diminuons-la de tout le montant des ressources tirées pour 1868 de l'emprunt de 1865 ; le quart d'heure de Rabelais sonnera plus tard pour le principal de cette dette. Restent néanmoins cent quatre-vingts millions que, pour les besoins particuliers de son administration, M. le baron Haussmann tire des poches parisiennes. C'est une contribution de cent francs par tête, soit *quatre cents francs* par famille. Cet énorme surcroît balance bien et au-delà la réduction de vingt à vingt-cinq francs par famille qu'il y aurait à opérer sur la contribution générale (240 fr.) du chef des 125 millions de dépenses transitoires ! Modestement calculée, la moyenne s'élève, pour Paris, à six cents francs par an et par famille, contributions de toutes natures.

C'est écrasant et appauvrissant. Et la surcharge se retrouve, toute proportion gardée, dans bien des cités. Lyon et Marseille, Bordeaux et Nantes, Rouen et le Havre, Toulouse et Grenoble, tout s'haussmannise ou est haussmannisé. L'impulsion et l'exemple n'ont été que trop fidèlement suivis. Les dettes et les centimes supplémentaires se multiplient dans les grandes villes et dans les petites ; les quatorze cents communes à octroi voient cet impôt étendre ses envahissements de jour en jour.

---

(1) En fait, cette moyenne est largement dépassée à Paris ; les raisons en sont trop évidentes pour qu'il soit nécessaire d'insister.

V

Parler moyennes, c'est reconnaître que l'on ne présente pas des chiffres d'une précision mathématique ; nous n'y prétendons guère. La moyenne est un centre, autour duquel gravitent les écarts en plus et en moins. Le fâcheux dans l'espèce, c'est que les écarts en plus atteignent les classes de contribuables qui sont les moins aptes à les supporter. Les impôts somptuaires (sur domestiques, chevaux, voitures, etc.) n'existent presque pas en France ; l'impôt progressif ne se pratique que dans de rares cas (loyer, etc.) ; l'impôt sur le revenu ou le capital fait horreur. La majeure partie de nos impôts s'attaque donc à la consommation ou s'attache à des services que l'Etat est censé nous rendre. Les impôts de cette nature atteignent toujours plus durement, chez nous et ailleurs, les couches moins aisées des populations.

Prenons la patente. Y a-t-il un rapport juste de proportionnalité entre les mille francs que paie telle exploitation houillère et les cent francs demandés au charbonnier du coin de rue ; entre les cinq cents francs que paie la fabrique et les cinquante francs qu'acquitte l'atelier? La mine, la fabrique, gagnent peut-être autant de centaines de mille francs que l'échoppe et l'atelier en gagnent des milliers. Voyez le timbre, l'enregistrement. La transmission, n'importe à quel titre (vente, donation, succession, etc.), du maigre lopin de terre qui fait toute la fortune du paysan cause beaucoup plus de frais, relativement, que l'aliénation volontaire ou forcée des grandes propriétés. Même différence — impôt progressif à rebours! — pour la circulation et la transmission de créances, de titres, de toutes valeurs mobilières ; moins grand est le gâteau et plus fortement le fisc le rogne. C'est vrai encore et surtout de l'impôt de consommation. Le fisc ne tient presqu'aucun compte ni de la qualité ni du prix. Le « petit bleu » qui empoisonne le maçon « contribue » autant que le Château-Margau dont se délecte l'entrepreneur ; ainsi pour la marée, les viandes, les liqueurs. Personne n'ignore, de plus, que les dépenses sujettes à imposition prennent une part autrement large sur le budget de la mansarde que sur le budget du premier étage. A supposer, par exemple, que les impôts et octrois sur les liquides, les comestibles et les combustibles les renchérissent de vingt pour cent, cette sur-dépense de vingt pour cent absorbera peut-être le cinquième et au-delà du revenu de l'ouvrier; elle n'augmentera pas d'un vingtième la dépense totale du fabricant.

Ce sont autant de graves questions, sociales encore plus que politiques et financières, qui ne peuvent ici qu'être effleurées, de tout ce qui précède ressort toutefois cet ensemble de fâcheuses vérités : « En déduisant cent vingt-cinq millions pour dépenses nominales, le total des charges budgétaires, compensation faite des surcroîts, reste encore bien supérieur à deux milliards deux cents millions par an. Les charges publiques prennent ainsi de 240 à 250 francs par an à chaque famille française. Comme grande moyenne, c'est le quart du revenu net de la famille ; en réalité, le prélèvement est bien plus fort encore, proportionnellement, pour les classes moins aisées de la population. »

Passons sur l'aggravation. Restons-en à la grande moyenne. N'est-elle pas bien lourde déjà ? A-t-on assez crié sur la Dîme, demandée à nos aïeux ! Fait-on mieux aujourd'hui ?

VI

Que l'on réduise l'Etat, avec certains économistes radicaux, au rôle de grand-assureur ; qu'on lui attribue la mission de gérer tous les intérêts collectifs de la société ; que l'on aille jusqu'à l'ériger en petite Providence : il est d'une exigence plus qu'excessive, il devient spoliateur et assurément ruineux, quand à lui seul il absorbe le quart des fruits de nos labeurs, le quart de nos moyens de subsistance souvent si péniblement acquis, le quart de la vie de nos familles ; quand il persiste à prélever de deux milliards à deux milliards et demi par an sur l'avoir d'une nation qui, depuis quelques années, peut-être s'appauvrit plutôt qu'elle ne gagne des milliards.

Pareils sacrifices se comprennent sous la pression de circonstances extraordinaires qui imposent l'effort héroïque et le justifient ; l'Amérique du Nord vient de se l'imposer pour l'abolition de l'esclavage et la défense de son unité. Pareils sacrifices se supportent encore passagèrement en faveur de besoins supérieurs, inéluctables, ou lorsque, par la destination des dépenses, l'avenir promet de rendre plus que ne prête le présent ; tel serait le cas du pays qui, durant quelques années, supporterait des charges exceptionnelles afin de se mettre rapidement, en matière d'instruction publique et de viabilité, au niveau des nations plus avancées.

Rien de pareil en France. Nos écrasantes charges budgétaires ne sont point accidentelles, passagères ; on a pu déjà en constater la persistance renforcée par la tendance à l'accroissement continu. Nous n'avons pas eu une guerre civile à étouffer, ni notre indépendance à défendre contre l'ennemi extérieur. Nous n'avons pas non plus employé une partie tant soit peu notable des trente-un milliards, soit à développer nos moyens et facultés de production, soit à perfectionner nos moyens de circulation. La France se ruine sans raison ni profit.

On n'a, pour s'en convaincre, qu'à consulter les documents officiels sur l'emploi qu'ont trouvé les trente et un milliards dépensés durant les quinze premières années de l'Empire ; sur la destination que reçoivent les deux milliards et demi de francs qu'engloutit année par année notre budget. De beaucoup la majeure partie de ces immenses ressources s'en va en dépenses qui sont sans utilité pour le présent, sans fruit pour le lendemain. Par contre, est étonnamment mesquine l'allocation qui reste pour les besoins effectifs de l'Etat et de la société, pour les emplois qui, rationnels et généreux, seraient encore souverainement féconds.

VII

A tout seigneur tout honneur. La première place appartient au chapitre « Dette publique. » C'est le plus dévorant parmi les gros pensionnaires du budget. Voici qu'elles ont été durant les quinze premières années de l'Empire les exigences de la

Dette publique :

Périodes quinquennales.	Ensemble des dépenses.	Moyenne annuelle.
1852 à 1856	2,180,779,360 fr.	436,155,872 fr.
1857 à 1861	2,734,105,016	546,821,003
1862 à 1866	3,047,950,973	609,590,195

Cela fait un total de sept milliards neuf cent soixante-trois millions, et une moyenne générale de cinq cent trente et un millions par an, chiffres ronds. Dans la période quinquennale d'avant 1852, la dépense moyenne par année n'avait été que de quatre cents et cinq millions de francs : 125 millions de moins que la moyenne générale de l'Empire et 205 millions de moins (par an!) que dans la dernière période quinquennale (1862-66). Si nous reportons plus haut l'investigation comparative, nous trouvons que dans l'époque de 1832 à 1846 la Dette publique a absorbé 344 millions par an; en somme, cinq milliards et cent cinquante-huit millions. Autant dire : si nous avions continué sur le pied d'avant 1847, l'on aurait pu, de 1852 à 1866, demander pour les seules dépenses de ce premier chapitre 2 milliards 805 millions de moins aux contribuables ou, s'ils les fournissaient, employer 2 milliards 805 millions de plus en dépenses utiles, fécondes.

Il va de soi que nous n'entendons pas contester la nature obligatoire de cette dépense. A peine y a-t-il dans notre immense budget une allocation plus inévitable que l'allocation destinée à remplir les engagements de l'État vis-à-vis de ses créanciers. Mais, plus la dépense est impérieuse, et plus soigneusement faut-il la limiter : d'autant plus qu'elle est tout aussi stérile qu'elle est impérieuse et toute aussi persistante qu'elle est stérile.

La fâcheuse progression n'est pas moins accentuée dans les deux autres gros chapitres qui vont suivre. Voici la marche qu'ont suivi les exigences budgétaires du

Ministère de la guerre :

Périodes quinquennales.	Ensemble des dépenses.	Moyenne annuelle.
1852 à 1856	2,776,165,505 fr.	555,233,101 fr.
1857 à 1861	2,267,788,120	453,557,624
1862 à 1866	2,159,702,706	431,940.541

Soit, pour les quinze années réunies, un total de sept milliards deux cents et quatre millions de francs; la moyenne s'établit à quatre cent quatre-vingts millions par an. C'est 117 millions de plus que la moyenne des années 1847 à 1851. Dans l'espace de temps compris entre les années 1832 et 1846, la dépense totale de ce chef n'avait été que de 305 millions par an ; en somme, 4 milliards 577 millions. Surcharge, au compte de l'Empire : deux milliards six cents et vingt-six millions de francs.

L'augmentation est proportionnellement plus forte encore pour le frère jumeau de ce grand dépensier, qui s'appelle le ministère de la guerre ; c'est — qui ne le devine ? — le ministère de la marine. Dans la période quinquennale qui finit en même temps que la République de 1848, le budget de la marine avait demandé cent vingt-six millions et demi par an, soit ensemble 633 millions, chiffres ronds ; dans les années 1832 à 1846, la dépense ne s'était élevée qu'à 1 milliard 394 millions, environ quatre-vingt-treize millions par an. Elle a plus que doublé sous l'Empire, où l'on a vu arriver aux chiffres que voici le budget du

Ministère de la marine :

Périodes quinquennales.	Ensemble des dépenses.	Moyenne annuelles.
—	—	—
1852 à 1856	895,544,712 fr.	179,108,942 fr.
1857 à 1861	918,287,117	183,657,423
1862 à 1866	1,066,642,294	213,328,459

Soit, pour les quinze années réunies, plus de deux milliards huit cent quatre-vingts millions de dépenses maritimes ; moyenne générale, cent quatre-vingt-douze millions de francs par an.

VIII

Arrêtons-nous, ne fût-ce que pour additionner, dans cette course énervante à travers les milliards dépensés. Durant ses quinze premières années, l'Empire a dépensé : — pour la dette publique, 7 milliards 963 millions ; — au ministère de la guerre, 7 milliards 204 millions ; — au ministère de la marine, 2 milliards 880 millions ; — *soit, pour trois chapitres seulement, une dépense totale de dix-huit milliards et quarante-sept millions de francs, ou, en moyenne, douze cent et trois millions de francs par an.*

La dépense annuelle de ces trois chapitres emboite le pas, et largement, sur le budget total de 1830. L'ensemble des années 1852-66 excède de 6 milliards 918 millions les sommes consacrées aux mêmes catégories de dépenses dans la période de 1832 à 1846.

Ce n'est pas que les chiffres de ce dernier temps nous paraissent tout à fait normaux, indiscutables. La Suisse ignorait hier encore ces trois chefs de dépenses ; la dette et la guerre commencent seulement à faire leur modeste apparition dans le budget fédéral. Dans le budget des Etats-Unis, jusqu'à la lutte sécessionniste, la guerre et la marine ne figuraient quasiment que pour mémoire ; la dette en avait presque entièrement disparu depuis 1837. Nous avons la ferme espérance que le budget de l'avenir, le budget des sociétés réellement démocratiques et se gouvernant elles-mêmes en toute indépendance, reléguera ces vers rongeurs du budget aux derniers rangs, en attendant qu'il parvienne à les supprimer. Telles n'étaient assurément pas les idées qui présidaient à la confection des budgets sous le gouvernement de Juillet. De plus, en surélevant de quatre-vingt mille hommes à cent mille le contingent annuel et en essayant d'étouffer Paris dans sa ceinture de forteresses, ce gouvernement tant vanté pour sa sagesse et pour son esprit libéral, a fait voir qu'il savait, en cette matière aussi, renforcer les fautes de la routine par ses folies particulières. La gestion financière de ce régime n'est donc pas notre idéal, pas plus que ne répond à nos vœux intimes le système politique et social d'avant 1848. Mais les visées de ce travail sont modestes et étroitement limitées. Nous voulons être « pratiques, » et nous admettons hypothétiquement comme régulières le gestion et la situation financières d'avant 1848.....

Oui, le gouvernement de Juillet, surtout depuis 1840, n'a guère été la perfection de la sagesse financière. Et, nonobstant, dans un égal espace de temps (quinze ans), l'Empire a dépensé sur les trois chapitres les plus improductifs 6,918 millions en plus que le gouvernement de Juillet. *Six milliards neuf cents et dix-huit millions prélevés* EN PLUS *sur les revenus ou sur la fortune des contribuables!* Se figure-t-on la masse d'entreprises ou de légitimes jouissances empêchées chez les uns, la masse de privations et de souffrances imposées à d'autres, que représente ce colossal surplus de prélèvement fiscal? Et si ce surplus devait et pouvait être pris aux contribuables (nous le contestons), que l'on se figure la masse de bien qui pouvait être réalisée avec cet argent, employé rationnellement et convenablement! Avec sept milliards intelligemment dépensés en quinze ans, on dotait toutes les communes de France de bonnes écoles et de bibliothèques populaires ; on terminait les chemins vicinaux ; on complétait le troisième réseau ferré : tout en conservant de quoi assurer l'entretien de ces entreprises d'utilité publique ! C'était transformer la France, au point de vue matériel et au point de vue intellectuel, lui assurer effectivement le premier rang parmi les nations de l'Europe et la prospérité continue à l'intérieur.

En réalité, qu'avez-vous fait des sept milliards dépensés en sus des onze milliards que les précédents semblaient vous autoriser à consacrer à ces trois chapitres souverainement stériles? Rien, absolument rien... Avec votre immense budget d'intérêts annuels, avez-vous relevé et consolidé le crédit de l'Etat? La Rente persiste à rester au-dessous de 70. Avant 1848, elle avait atteint le cours de 85. Les Consolidés anglais se tiennent au-dessus de 93, malgré l'aventureuse expédition de l'Abyssinie, malgré le fénianisme qui menace la paix intérieure de l'Angleterre, malgré l'affaire de l'*Alabama* qui trouble ses rapports avec frère Jonathan... Avec votre marine si largement nourrie, avez-vous mieux assuré la protection de nos nationaux dans les contrées lointaines? Demandez-le aux pauvres Français qui, après une liquidation précipitée et fatalement onéreuse, viennent de déserter les établissements de commerce et d'industrie que de longue date ils s'étaient créés au Mexique... Avec les sept milliards deux cents millions de francs livrés au ministre de la guerre, avez-vous relevé le prestige militaire de la France, augmenté son influence en Europe ou seulement accru sa sécurité? Que les événements de 1866 répondent, et les aveux d'isolement et d'angoisses faits par les ministres dans la récente discussion de la loi militaire!

Et voilà les services qui, à eux seuls, en quinze ans, nous ont coûté 18 milliards 47 millions de francs. Voilà les services qui, à eux seuls, coûtent en moyenne 126 francs par an à chaque famille française.

IX

Est-ce à dire que le reste des trente-un milliards dépensés de 1852 à 1866 a pu être consacré et a été consacré à des dépenses utiles, fécondes? Nous sommes, hélas! loin du compte.

Voici d'abord un chapitre que les documents officiels rattachent souvent à la dette publique : les dotations (liste civile, apanages, etc.) De 1852 à 1866, elles ont pris un peu plus de six cents et huit millions. Ce n'est pas une dépense tout à fait gratuite. Le service du Corps législatif en prend un dixième environ. Rappelons seulement que pour les années 1832 à 1846, ce chapitre n'avait demandé que deux cent cinquante et un millions. Différence, à la charge du présent : 357 millions de francs. Bagatelle, par le temps qui court. Notons-la et passons.

Les frais de régie et de perception. On connaît déjà l'emploi déterminé et forcé des allocations de ce chapitre. Elles se sont élevées (toujours pour la période de 1852 à 1866), à deux milliards 877 millions, soit 914 millions de plus que dans les années 1832 à 1846. Non moins déterminé et forcé est l'emploi des sommes assignées pour non-valeurs et restitutions (aux départements surtout et aux communes). Elles se montaient pour le ministère des finances seulement, à 1 milliard 843 millions, le double presque du chiffre (928 millions) atteint en 1832-1846. Une somme à peu près égale trouve le même emploi par l'intermédiaire du ministre de l'intérieur; passons-la, pour compenser ce qui, dans les trois chapitres précités, pourrait être dépense purement nominale ou avoir un emploi fécond. Tenons-nous en aux trois chefs de dépense déjà signalés. qui sont : — Dotations, 608 millions; — Frais de régie et de perception, 2 milliards 877 millions; — Non-valeurs et restitutions, 1 milliard 843 millions; — soit ensemble 5 milliards 328 millions. Ajoutez-les au total des trois gros chapitres précédemment analysés et vous arrivez à une somme de 23 milliards 375 millions de francs. C'est, en moyenne, une dépense de plus de 1 milliard 558 millions de francs par an.

Ainsi, sur les trente et un milliards dépensés de 1852 à 1866, près de vingt-trois milliards et demi s'en allèrent à des destinations ou fatalement stériles, ou fortement discutables ; ou encore : plus de quinze cents millions, sur les 2,066 millions de dépenses annuelles (moyenne de 1852-66), s'écoulent de cette triste façon. Etonnez-vous alors si l'Etat manque de fonds pour construire des écoles et payer les instituteurs ; pour achever les chemins vicinaux et presser la construction du troisième réseau ; pour mieux payer les juges et réduire les frais de procédure ; pour salarier convenablement les facteurs ruraux et améliorer le service postal ; pour porter secours en cas d'urgence, comme la famine de l'Algérie ; pour développer le service télégraphique : en un mot, pour satisfaire aux exigences les plus légitimes et les plus urgentes des services publics !

X

Comment s'étonner de cette pénurie, comment s'étonner de l'impossibilité où se dit le fisc de réformer les impôts même les plus mal agencés, d'abaisser les contributions même les plus élevées, lorsque la totalité à peu près des ressources dites *ordinaires* est ainsi absorbée par les dépenses ou inutiles, ou excessives et toutes stériles; lorsque, sur les ressources dites *ordinaires,* rien presque ne reste disponible pour les véritables besoins politiques et sociaux auxquels, en première ligne, l'Etat est appelé à satisfaire, et qui seuls, au fond, légitiment l'impôt?

Voici, en effet, ce que nous apprennent les comptes officiels sur le montant et la provenance générale des

Ressources de l'État :

Périodes quinquennales.	Recettes ordinaires.	Recettes extraordinaires.	Ensemble.
—	—	—	—
1852 à 1856	7,318,656,361 fr.	2,202,399,039 fr.	9,521,055,400 fr.
1857 à 1861	8,661,134,464	1,156,496,473	9,817,630,937
1862 à 1866	9,872,719,535	1,238,850,867	11,021,370,402

Ainsi, l'ensemble des ressources de toutes natures que l'Etat a pu se procurer (30 milliards 360 millions) est resté inférieur de 632 millions aux dépenses qu'il a faites durant le même espace de temps (trente-et-un milliards). Mais sur ces 30 milliards 360 millions de recettes, environ 4 milliards 598 millions ont dû être demandés à des ressources extraordinaires; nous en connaîtrons tantôt la nature. Les ressources dites *ordinaires* n'ont donné que 25 milliards 762 millions. Or, nous venons de voir que les dépenses ou fatalement stériles, ou fortement discutables, mais maintenues obstinément et même accrues constamment, s'élevaient, en 1852-66, à 23 milliards 375 millions. Que restait-il sur les ressources dites *ordinaires* pour les besoins effectifs de l'Etat? A peine cent soixante millions par année moyenne!

Bien entendu, si l'on admet la classification des recettes telle que l'établit l'administration, et avec cette classification, le rendement qu'elle dit provenir des ressources « ordinaires. » En y regardant de près, on juge, en bien des cas, cet adjectif fort déplacé. Est-ce vraiment une ressource normale que le maintien à l'infini, en pleine paix, du décime de guerre, du second demi-décime de guerre, du double décime de guerre? Est-ce une ressource normale que l'absorption constante, pour les besoins courants, des allocations qui, en vertu des lois et des engagements formels pris envers les prêteurs de l'Etat, devraient s'appliquer à l'amortissement de (1) la dette publique ? Est-ce une ressource normale que celle des 226 millions que vous tirez des boissons en entravant la production, la circulation et la consommation par cette multitude de droits aussi vexatoires que ruineux (2), qui, l'octroi aidant, font du verre de vin pur une jouissance de luxe dans le premier pays vignoble du monde? Est-ce une ressource normale que celle des 120 millions que vous obtenez du droit sur les mutations immobilières, en les surexcitant artificiellement dans les villes, mais en les rendant ruineuses, par l'exagération du droit, pour la propriété extrêmement morcelée des campagnes? Est-ce une ressource normale que celle du timbre écrasant qui pèse sur les journaux, obligés de verser au fisc, non pas le quart ni la moitié de leur revenu net, mais le double souvent, le triple encore de leurs bénéfices bruts, et moyennant quoi l'on étouffe une industrie qu'une administration éclairée encouragerait de toutes façons?

XI

Nous avons promis d'être coulant. N'épiloguons pas. Acceptons les données officielles telles qu'on les présente. Traitons comme recette ordinaire tout ce qu'il plaît à l'administration de classer sous cette rubrique. Voici qui n'en reste pas moins acquis : une fois couvertes les dépenses ou stériles, ou excessives, mais que le gouvernement soigne en première ligne et accroit sans cesse, il ne lui reste que la bagatelle de 160 millions par an pour répondre à tous les besoins réels des services publics !

Faut-il démontrer que ce disponible ne saurait suffire dans un pays de cinq cent quarante-trois mille kilomètres carrés, peuplé de trente-huit millions d'habitants, et dont l'organisation administrative ne brille ni par l'économie du personnel, ni — dans les régions supérieures — par la modestie des traitements ? C'est d'une évidence incontestable ! Mais non moins évident est-il qu'en cet état des choses, l'équilibre entre les recettes et les dépenses,

---

(1) Dans les années 1863 à 1866 (la distinction n'existait pas auparavant), les budgets *ordinaires* ont pris et employé 348 millions de francs sur les fonds de l'amortissement.

(2) Droit de circulation, droit d'expédition, droit de détail et de consommation, droit de fabrication (bière), droit d'entrée, etc.

dont, à chaque présentation des budgets, on tente de reproduire le mirage, devient une pure impossibilité. Le déficit cesse d'être un fâcheux accident; c'est une plaie inévitable. Et lorsque toutesles ressources de plus en plus extraordinaires ne parviennent plus à contrebalancer le déficit qui grossit outre mesure, fatalement on aboutit aux découverts en permanence, qui se traduisent tout aussi fatalement en augmentation continue de la dette flottante. C'est forcé, parce que c'est la logique des choses, l'enchaînement inexorable des causes et effets.

Près de 4 milliards 600 millions ont été demandés, a-t-on vu, à des ressources extraordinaires. C'est une moyenne annuelle de 306 millions. On s'étonne d'abord de voir cette demande se reproduire invariablement d'année en année et de la voir tout aussi invariablement accomplie exercice par exercice. Dieu ferait-il encore des miracles, et pour chaque besoin extraordinaire créerait-il aussitôt une ressource extraordinaire? Les choses, hélas! se passentplus prosaïquement. Les « ressources extraordinaires » qui viennent si opportunément en aide aux embarras de notre administration financière ne sont autres que les ressources trop connues, dont, en tout temps, usent et abusent les prodigues : c'est le crédit.

En compulsant les comptes de l'administration financière pour connaître les provenances des ressources extraordinaires (1852-1866), l'on arrive à la répartition que voici :

1° *Emprunts en rente*.	1,996,975,428 francs.
2° *Réserve de l'amortissement*. . . .	1,742,792,444
3° *Aliénation de bois de l'État*. .	34,498,202
4° *Produits divers*.	823,480,305

Ainsi, plus des quatre cinquièmes des ressources extraordinaires constituent un endettement direct ou indirect : direct, par la création de rentes nouvelles (n° 1); indirect, par la consommation des fonds spéciaux que la loi et les traités assignaient au remboursement des dettes antérieures (n° 2). Ce n'est pas tout; l'emprunt réapparait dansles « produits divers » (n° 4) : un contingent de 132 millions leur vient des fameuses obligations trentenaires créées et exaltées en 1861, désavouées l'année après par M. Fould, et aujourd'hui en train d'être réhabilitées.

L'endettement est d'ailleurs, de toutes les ressources de l'extraordinaire, la seule sur laquelle on puisse faire fond. Quiconque prendra-t-il au sérieux les dizaines de millions pour lesquelles les indemnités chinoises, cochinchinoises, mexicaines, japonaises, ont, pendant quelques années, figuré dans nos budgets extraordinaires? Ou comblera-t-on les déficits avec les « contributions extraordinaires de guerre frappées en Algérie sur les tribus indigènes » (5,406,047 fr. en 1864-66), sur ces tribus que nos aumônes peuvent à peine empêcher aujourd'hui de mourir de faim? Toutes ces recettes, plus ou moins fantastiques, sont épuisées. La grande ressource de l'extraordinaire — qui l'eût jamais soupçonné? — est aujourd'hui l'excédant du budget ordinaire (1) ! Un seul fait suffira pour faire apprécier la valeur de cet excédant. D'après les lois des finances votées le 25 juillet 1866, un ensemble de recettes, ordinaires et extraordinaires, de 1 millard 657 millions devait suffire à tous les besoins de l'exercice 1867 (non compris les dépenses spéciales, pour ordre, etc), et produire encore un excédant de 340,000 francs ; d'après les budgets rectifiés (3 août 1867), un ensemble de ressources de 1 milliard 750 millions de francs laissera encore un déficit de près de 159 millions ! Quel retour ! Et le mot de la fin n'est pas dit. L'un des projets de loi présentés le 9 mars dernier au Corps législatif réclame pour 1867 de nouveaux crédits supplémentaires de 15 millions, et ils n'épuisent pas encore les dépenses de la seconde expédition romaine, par exemple, qui n'était guère « prévue, » financièrement parlant, lors des votes budgétaires d'août 1867.

XII

Ayons le courage de notre situation et avouons-le : l'endettement seul nous soutient, — à peu près comme la corde soutient le pendu, pour l'étrangler. En attendant, nous empruntions, nous empruntons, nous emprunterons : à tout le monde, de toutes les manières, sous toutes les formes. On a fait des francs appels au public : — en mars et décembre 1854 pour 250 et 500 millions effectifs ; — en juillet 1855, pour 750 millions effectifs ; — en mai 1859, pour 500 millions effectifs ; — en janvier 1864, pour 300 millions effectifs. On a fait des emprunts déguisés : par l'émission des obligations trentenaires, converties depuis en rentes perpétuelles (loi du 12 février 1862) ; par la *soulte* que M. Fould a fait verser par des porteurs de 4 1/2 0/0, lors de la tentative (avortée)

(1) Sur les 147 millions de ressources assignées au budget extraordinaire de 1868 (loi des finances du 31 juillet dernier), près de 125 millions doivent provenir de l'excédant de recettes du budget ordinaire de 1868. C'est écrit!

de l'unification de la dette nationale ; par les consolidations successives des fonds de la dotation de l'armée. On a fait des emprunts particuliers : à la Banque de France, par exemple, lors du renouvellement de son privilége (9 juin 1857). On a créé des rentes au profit de la Légion d'honneur (décret du 27 mars 1852) ; pour les héritiers de la reine des Belges (loi du 10 juillet 1856) ; pour le majorat du duc d'Istria (décret du 19 mars 1858). En un mot, nous empruntons toujours et de toutes parts.

Rembourse-t-il aussi, ne fût-ce que pour soutenir son crédit et emprunter à des conditions meilleures ? L'allocation qui, dans l'esprit de la loi du 10 juin 1833 et des lois spéciales d'emprunt, doit annuellement être assignée à l'amortissement (1 0/0 du montant des emprunts), a religieusement été faite dans les budgets ; toutefois, les créanciers de l'État qui avaient droit à ce prélèvement, l'ont vu passer sous leurs yeux, pour aller se dépenser ailleurs. De 1833, date de la réorganisation de la Caisse d'amortissement, jusqu'à la fin de 1847, les recettes de la Caisse s'étaient montées à 1 milliard 266 millions, et elle avait employé 385 millions au rachat de rentes ; de 1852 à 1866, sur une recette de 1 milliard 884 millions, la Caisse n'a employé que 54 millions à l'amortissememt ! Notez que l'empêchement avant 1848 venait parfois du cours trop élevé de la rente (au-dessus du pair), qui, forcément et statutairement, arrête l'action de la Caisse ; cette heureuse entrave, le gouvernement impérial ne l'a pas encore rencontrée.

Avec cette continuité dans l'emprunt et cette absence de remboursement, comment la dette n'augmenterait-elle pas largement ? La liquidation Ramel, point de départ du Grand-Livre, avait fait inscrire (loi du 9 vendémaire an VI), une rente de 40,216,000 fr. Le Consulat et l'Empire, très-sobres dans l'usage du crédit, n'ajoutent que 23,091,637 fr. à ce premier fonds. Entre la chute du premier Empire et celle de la seconde république, créations et annulations compensées, la charge en rentes a monté de 63,307,637 fr. (1er avril 1814) à 242,774,478 fr. (1er janvier 1852) : c'est, en trente-huit ans, une augmentation de près de 179 millions et demi, soit 4,723,075 fr. par année moyenne. Par contre, du 1er janvier 1852 au 1er janvier 1867, la rente a monté à 340 millions, soit de six millions et demi par an. La progression est presque de moitié plus forte que sous les régimes antérieurs. Les cours s'en ressentent ; le trois pour cent est retombé au cours de son année de début (1825), et ne sait guère le dépasser. Dès avant 1830, pourtant, la rente trois pour cent avait franchi le prix de 80 ; à la veille de 1848, elle arrivait à 85. On y revient, ou à peu près, le lendemain du coup d'État.

Depuis? La rente reste au-dessous de 70; c'est-à-dire que dans un moment où les bonnes maisons sont escomptées, hors banque, à 1 1/2 ou 1 3/4 pour cent, on ne prête à l'État qu'au taux de quatre et demi!

Ou les chiffres les plus clairs sont dénués de signification, ou ceux-là disent : « Le gouvernement impérial a trop usé du crédit : par la fréquence des appels qu'il lui adressait et par le mauvais emploi donné aux fonds fournis par les emprunts; il est grand temps de s'arrêter, si l'on ne veut pas aboutir au discrédit complet, et par le discrédit à l'impuissance absolue. »

XIII

C'est à l'emprunt, nonobstant, que l'on s'adresse de nouveau. Le projet de loi pour un emprunt de 440 millions effectif, a été présenté au Corps législatif, dans sa séance du 9 mars. A quel taux se fera le nouvel emprunt? Pas au-dessus de 66, si l'on tient compte des bonifications d'intérêt et autres avantages accessoires qui seront accordés aux prêteurs. C'est à peu de chose près le prix auquel s'étaient contractés — et en pleine guerre! — les premiers emprunts de l'Empire (65.25). Ainsi pas le moindre progrès depuis 1854; plutôt du recul, relativement.

Jadis, les choses marchaient tout autrement. La Restauration avait commencé par payer 8.7 pour cent (du 5 0/0 placé à 57.50 en 1816); grâce à des améliorations successives, elle finit par payer moitié moins cher, au-dessous même (du 4 0/0, placé en janvier 1830, à 102 fr.). Le gouvernement de juillet, à ses débuts, paie près de six pour cent (du 5 0/0 placé en 1831 à 84); treize ans après, il place son 3 0/0 à 84.75; on lui prête donc à trois et demi pour cent. Rien de pareil sous l'Empire. On paiera 4 1/2 0/0 en 1868, comme on les a payés en 1854. On paiera 4 1/2 0/0 le lendemain de l'Exposition universelle, et la Restauration a emprunté au-dessous de quatre, le gouvernement de Juillet à trois et demi!

C'était à des époques pourtant où l'escompte, à la Banque de France, ne descendit jamais au-dessous de 4 0/0; il reste aujourd'hui obstinément à 2 1/2 pour cent. A ces époques pourtant, les gouvernements se croyaient encore obligés de passer par l'intermédiaire des banquiers, qui forcément renchérissait le prêt; le gouvernement actuel s'adresse directement aux prêteurs. A ces époques pourtant, les fortes coupures n'admettaient à la souscription que la Banque et la bourgeoisie; votre « démocratisation de la rente, » par l'abaissement de la coupure (6 fr.), vous permet de puiser jusque dans les bourses les plus modestes, et effectivement vous a donné près de onze cent mille créanciers (1). Et malgré tout cela, vous paierez aussi chèrement qu'il y a quatorze ans, plus chèrement que d'autres n'ont payé il y a vingt-cinq, il y a quarante ans! Est-ce clair? est-ce parlant?

Cela n'empêche pas les officieux de pousser au doublement de l'emprunt projeté; cela ne les empêchera pas de nous vanter demain l'énorme affluence de souscripteurs comme la preuve de l'immense crédit dont nous jouissons! Assurément les souscriptions afflueront, comme hier elles affluaient et avant-hier. Le public avait, en 1861, souscrit 4,965,000 obligations trentenaires, quand 300,000 seulement étaient offertes. Il a, en 1864, apporté 4,846,120,354 francs, quand l'emprunt n'était que de 315 millions. Volontiers en 1868 encore, il offrira quinze à seize fois le capital demandé. Comment ne le ferait-il pas, et avec empressement encore? L'argent disponible surabonde; personne n'ose le confier aux affaires, grâce aux inquiétudes générales; onze cents millions d'espèces dorment inertes dans les seules caves de la Banque de France. Les grandes institutions de crédit disent nous obliger en acceptant des dépôts à 1 1/2 0/0. Tout le monde fuit les valeurs de bourse, justement effrayé par les pertes immenses que ces dernières années ont amenées dans le monde de la spéculation. Comment, en cet état de choses, ne se jetterait-on pas avec avidité sur un placement qui, sans travail ni souci, donne un revenu de 4 1/2 pour cent? On sait que le placement est sûr. La France, malgré tout, reste bonne débitrice; quoi qu'il arrive, la France ne reculera devant aucun effort pour faire honneur à sa signature, n'importe qui l'ait donnée en son nom, pour quels besoins et à quelles conditions elle ait été engagée. Mais un succès dû à de pareils mobiles est-il de nature à nous enorgueillir? L'ensemble de ces faits ne trahit-il pas au contraire une situation des plus malsaines, des plus dangereuses? Cet accroissement de la dette ne va-t-il pas fatalement accroître encore le discrédit du Trésor? Cette augmentation des charges de la rente ne va-t-elle pas fatalement rendre le budget plus accablant encore et creuser plus profondément l'abîme des déficits en permanence?

Poser ces questions c'est les résoudre; elles ne comportent évidemment qu'une seule réponse: l'affirmation.

---

(1) Chiffre exact : 1,095,683 inscriptions de rente, au 1er janvier 1867.

XIV

Si, pour le moins, l'emprunt pouvait être un remède! Le remède serait héroïque, il est vrai ; peut-être serait-il efficace aussi. Rien, par malheur, n'autorise à voir dans le nouvel emprunt plus qu'un palliatif, qu'un expédient. Il consolidera, dit-on, une partie de la dette flottante ; soit. Nous ne méconnaissons pas ce qu'il y a de dangereux dans un milliard de créances exigibles plus ou moins instantanément. Mais l'emprunt de 1868 va-t-il réellement conjurer le danger? Les précédents suffiraient pour en faire douter. Nous avons — pour ne pas remonter trop haut — nous avons « consolidé » à l'avènement de M. Fould, moyennant la soulte de la conversion ; combien de temps la dette flottante a-t-elle tardé à atteindre de nouveau la vertigineuse hauteur du milliard? Nous avons reconsolidé deux ans après, avec l'emprunt du 31 décembre 1863 ; le milliard a de nouveau été atteint, avant peut-être qu'on n'eût encaissé les derniers versements de l'emprunt. Il en sera de même de la consolidation de 1868 : par la raison bien simple, mais bien péremptoire, qu'il n'en saurait guère être autrement.

C'est fatal, en effet. Le bon ou le mauvais vouloir du gouvernement, l'habileté ou la malhabileté du ministre des finances n'y peuvent rien, tant que dure l'ensemble des circonstances qui les condamnent à ce travail de Sisyphe. Nous les avons analysées ; rappelons-les brièvement. — Depuis les débuts de l'Empire, l'emprunt plus ou moins franc a dû fournir année moyenne deux cents millions environ pour remédier à l'insuffisance des revenus. Les ressources dites ordinaires sont aujourd'hui grandement surforcées ; l'abaissement que le revenu des impôts indirects subit depuis quelque temps suffirait d'ailleurs pour le prouver ; l'arc évidemment est tendu à l'excès. Les petites ressources extraordinaires et pour la plupart exotiques qui, en ces dernières années, ont paradé dans les budgets supplémentaires, sont complétement épuisées. D'autre part, les dépenses stériles ne discontinuent pas d'augmenter, et cinq à six chapitres de cette nature absorbent à eux seuls la totalité presque des ressources effectives et sûres. — A quoi peut servir, en pareille situation, la consolidation du quart, du tiers de la dette flottante? Forcément elle doit aussitôt remonter, parce que le déficit ne peut pas ne pas se reproduire chaque année et grossir d'exercice en exercice ; parce que l'emprunt lui-même, qui doit opérer la consolidation, ne peut guère, en surélevant les charges budgétaires, ne pas élargir la disproportion entre les exigences du Trésor et les ressources du pays. Ajoutez l'inévitable augmentation des dépenses militaires et l'inévitable diminution de l'activité productive du pays, qui résulteront du développement donné par la loi du 1er février 1868 à notre appareil de guerre; la disproportion budgétaire, le déficit, l'endettement progresseront d'autant.

En cet état des choses et tant qu'il est maintenu, toute réduction de la dette flottante ne sera et ne peut être qu'une facilité de plus donnée au gouvernement pour persévérer dans des errements que tout aujourd'hui condamne; pour aggraver, en la continuant, une situation à tous égards malheureuse, qui épuise la France dans le présent et menace de ruiner son avenir.

Le calcul, du reste, est facile à établir. Le budget de 1869, présenté le 9 mars dernier au Corps législatif, *prévoit* un déficit de 90 millions; aisément l'on se figure la hauteur qu'atteindra ce déficit en réalité, lorsqu'on se souvient de l'énormité des déficits légués par les budgets dont les *prévisions* nous gratifiaient invariablement d'excédants de recettes. On a pu constater déjà que le déficit, dans le courant ordinaire de nos budgets, est devenu inévitable; M. Magne, pour surcroit, nous annonce toute une série de dépenses extraordinaires, à la charge notamment des ministères de la guerre et de la marine. Jusqu'où, en cette situation, pouvons-nous aller avec les 440 millions, en grande partie consommés d'avance, du nouvel emprunt? Avant un an d'ici, la dette flottante à nouveau dépassera le milliard, et à nouveau nous serons obligés de recourir à l'emprunt.

C'est aller droit vers la ruine, et à grands pas. Pour y échapper, pour arrêter l'épuisement croissant du pays et amoindrir les cuisants embarras budgétaires, les artifices de trésorerie sont manifestement insuffisants; ils ne peuvent qu'aggraver le mal. Il faut aux grands maux des remèdes sérieux.

Naguère encore, les harangues officielles et les feuilles officieuses chantaient à l'unisson la « prospérité croissante » de la France et ses « ressources inépuisables »; c'était cliché et servait de réponse à tout. Depuis un an ou deux, on n'ose plus produire ces complaisantes fantaisies; de navrantes réalités leur donnent un si cruel démenti ! Les documents officiels et les journaux officieux poussent même l'abnégation — tant est impérieux le commandement de l'évidence ! — jusqu'à avouer des « embarras, » des « inquiétudes. » Eh bien ! que l'on ait le courage de faire un pas de plus dans les aveux touchant la situation financière ! Que l'on ait la franchise de dire toute la vérité, à savoir : « *Nous n'en pouvons plus ; des réformes larges et radicales parviendraient seules, s'il en est temps encore, à sauver la situation financière du pays.* »

Il faut, pour le dire en deux mots, réduire nos dépenses au niveau des ressources effectives, sûres, et donner à ces dépenses une destination utile et féconde.

La pensée aussitôt se reporte aux dépenses de la guerre et de la marine. De 1852 à 1866, ces deux départements ministériels n'ont pas absorbé moins de dix milliards quatre-vingt-quatre millions ; l'année dernière, ils ont demandé près d'un milliard ; la réorganisation militaire du 1er février 1868 va les rendre plus coûteux encore. Soutiendra-t-on sérieusement que ces énormes dépenses sont d'une nécessité si absolue qu'il faille les maintenir malgré la ruine manifeste du pays qu'elles creusent de plus en plus profonde ? On me dispensera volontiers, j'estime, de refaire ici la démonstration du contraire, faite si brillamment au Corps législatif, en décembre et janvier derniers, par M. Thiers, par M. Garnier-Pagès, par M. Jules Simon, par M. Magnin, par d'autres orateurs de l'opposition et même de la majorité. La France, on l'a démontré d'une manière surabondante dans ces remarquables tournois parlementaires, la France n'a rien à redouter d'une réduction large de son appareil militaire, les millions de soldats dont l'on gratifie complaisamment les puissances étrangères fussent-ils même moins chimériques ; la France ne peut que gagner à cette réforme, non-seulement au point de vue financier, mais politiquement aussi et moralement ; en opérant la réforme, elle accomplira de plus un devoir que lui impose sa position, parce que plus qu'aucune nation au monde elle est à même de donner l'exemple, qui sera l'impulsion.

Tout cela, je le répète, a été tant dit, redit, et fort bien, dans ces derniers temps, qu'insister serait vraiment de trop. Un mot seulement. Contestera-t-on, que la France n'a jamais été moins redoutée au dehors, moins influente dans les conseils de l'Europe, moins écoutée par les gouvernements étrangers, que depuis qu'on la voit se ruiner par l'exagération inconsidérée de ses dépenses militaires ? Et rien n'est plus logique. Ce n'est point en épuisant la nation en temps de paix qu'on la rend puissante pour la guerre. Eh bien ! mettons que l'on revienne seulement, pour la guerre et la marine, aux budgets déjà surforcés de la période quinquennale qui avait précédé l'Empire, 1847 à 1851. Ces dépenses s'élevaient alors à 489 millions de francs par an. Sur la dépense moyenne des années 1852 à 1866, ce serait une économie de 183 millions de francs; sur le montant actuel de ces dépenses, l'économie serait de trois cents millions par an, pour le moins. Le chiffre est notable. Néanmoins, son importance pécuniaire disparaît presque en face des bienfaits indirects, autrement considérables, que cette réforme du désarmement partiel, produirait chez nous et ailleurs; là-dessus il n'y a qu'une voix en Europe.

XVI

Les budgets de la guerre et de la marine ne sont pas seuls à comporter des réductions, à les appeler. Nous avons vu, par exemple, le chapitre des « dotations » absorber 608 millions en 1852-66; sur le pied de la période quinquennale précédente (moins de 53 millions en 1847-51), la dépense aurait pu n'être que de 160 millions. Elle dépasse encore de 357 millions la dépense faite de ce chef dans un égal espace de temps (1832-46) par la monarchie de juillet. Doit-elle absolument, en face de la détresse du pays, rester au chiffre si élevé auquel on crut pouvoir la porter dans le temps où fleurissait la croyance dans la « prospérité croissante » et dans les « ressources inépuisables » de la France? Nous rappellerons seulement qu'en Espagne, en Grèce, en Italie, en Portugal, en présence de situations analogues, des abandons spontanés ont été faits récemment sur des dotations qui semblaient en disproportion avec la situation financière du pays.

Voici encore le gros chapitre des frais de régie et de perception. Nous les avons vus, en 1852-66, portés à 192 millions par an; ce n'était que 131 millions sous le gouvernement de Juillet, que 150 millions en 1847-51; c'est aujourd'hui plus de 230 millions. Une partie de l'accroissement, nous le savons, est une dépense purement nominale; il faut bien acheter et fabriquer plus de tabacs quand augmente le débit de ce narcotique. Mais les frais de gestion proprement dits augmentent également dans une large proportion. Pourquoi? La population, dit-on, s'est accrue et la recette aussi. Ce n'est guère une raison. Rien ne vient donc contrebalancer, et au delà, cette cause d'accroissement? Grâce aux chemins de fer, au télégraphe, au développement du service postal (et tout cela est *gratis* pour le monde officiel), grâce aux perfectionnements apportés dans le maniement des fonds, la même quantité de besogne devrait se faire aujourd'hui avec la moitié de temps, de personnel, de travail, qu'elle exigeait il y a trente ans, il y a vingt ans. Les frais de régie, de perception, et en général toutes les dépenses administratives et financières devraient suivre une marche constamment descendante, comme diminuent, sous l'influence des mêmes faits, les frais généraux de toutes les grandes exploitations. L'Etat, en France, augmente les siens et toujours les augmente ! C'est qu'il accroît constamment l'armée des employés, et en même temps surélève les traitements des chefs. Les ministres, par exemple, payés 40,000 francs, il y a vingt ans, touchent aujourd'hui au minimum (et sans le cumul) cent mille francs de traitement annuel. Pour une douzaine, cela compte. Le reste à l'avenant. Tout cela pouvait passer au bienheureux temps de la « prospérité croissante » et des « ressources inépuisables » de la France; mais n'y a-t-il pas, dans ces gros chapitres des traitements, des frais de perception et d'administration, de quoi faire des larges entailles, quand l'épuisement financier du pays, d'inextricables embarras du Trésor, imposent des économies? Ces mesures auraient de plus l'avantage de refréner la chasse aux emplois et la manie bureaucratique, deux terribles fléaux de la France.

Allonger la liste de ces réductions possibles ne serait vraiment pas une tâche très-difficile. Serait-il interdit, par exemple, de croire que les ministères de l'État, de la maison de l'Empereur et des beaux-arts, créations de l'Empire, sont d'une utilité plus que contestable? Ils ont, de 1852 à 1866, absorbé près de 229 millions en dépenses « ordinaires » seulement ! Ainsi encore, de l'avis de tous les hommes d'État dignes du nom, de l'avis même de tous les amis éclairés de l'Église, la séparation complète de l'Église et de l'État répond le mieux aux intérêts bien entendus de l'une et de l'autre. Nous savons, en France, par expérience, non pas ce que vaut ce système, — nous ne l'avons jamais pratiqué, — mais à quel point l'autre est gros d'inconséquences, d'inconvénients, de dangers même. Cela n'autoriserait-il pas à ranger, parmi les dépenses fort discutables, les sept cent dix-sept millions que le service des cultes a absorbés dans les années 1852 à 1866 ? Il est vrai qu'en retour, nous n'avons accordé que la piteuse aumône de vingt-trois millions par an (ordinaire et extraordinaire !) à l'instruction publique, dans un pays de trente-huit millions d'âmes qui prétend « marcher à la tête de la civilisation, » et où, dans les villes même, la moitié à peine de la population sait signer son nom !

XVII

Mais ces fugitives pages ne sauraient guère avoir la prétention de dresser des plans de réforme. C'est le bilan seul de l'Empire que vous voulions esquisser avec conscience et impartialité, et en nous basant uniquement sur les documents officiels. Résumons ce bilan.

Dans ses quinze premières années (1852 à 1866), l'Empire a dépensé trente-et-un milliards de francs, soit douze milliards de plus que n'avait dépensé le gouvernement de Juillet dans un même espace de temps (1832 à 1846). Sur ces trente et un milliards, près des trois quarts (au delà de 23 milliards) ont été absorbés par des dépenses ou fatalement stériles (dette, etc.), ou pires que stériles (guerre, marine, etc.), ou d'une utilité fort contestable (culte, etc.). Pourtant ces vingt-trois milliards représentent la totalité de ce qui a pu être tiré des ressources ordinaires, des ressources sûres, positives du pays. Comme résultats de cette disproportion entre les moyens et les exigences : l'élasticité des impôts brisée par le surchargement des contribuables, et partant diminution des revenus; les besoins les plus légitimes du pays (enseignement, viabilité, etc.) laissés en souffrance; recours plus fréquent que jamais au crédit, et le capital de la dette publique plus que doublé en quinze ans; enflement continu de la dette flottante, que l'on s'efforce en vain de maintenir au-dessous du milliard. Aussi le crédit de la France est-il descendu plus bas qu'avant 1852, et la situation intérieure se caractérise par la gêne de plus en plus générale.

AUTRES OUVRAGES DE M. HORN.

L'ÉCONOMIE POLITIQUE AVANT LES PHYSIOCRATES. — Ouvrage couronné par l'Académie des sciences morales et politiques. — 1 vol. gr. in-8°. Paris, 1867. Guillaumin et Ce.......... 6 fr. »

LA LIBERTÉ DES BANQUES. — I. *La Monnaie.* — II. *Le Crédit.* — III. *La Banque.* — IV. *Le Crédit.* — V. *Le Privilége,* — VI. *La Liberté.* — 1 fort vol. gr. in-8°. Paris, 1866. Guillaumin et Ce 7 fr. 50

Édition allemande : BANKFREIHEIT. Stuttgard et Leipzig, 1867. A. Krœner. 1 fort vol. gr. in-8°........................ 7 fr. 50

ANNUAIRE INTERNATIONAL DU CRÉDIT PUBLIC. — I. *Finances publiques.* — II. *Institutions de crédit.* — III. *Chemins de fer.* — IV. *Divers.* — Paris, années 1859 à 1861. Guillaumin et Ce, 3 vol. gr. in-18. Prix des 3 vol......................... 15 fr. »

SPINOZA'S STAATSLEHRE (*Théories politiques de Spinoza*). 1 vol. 3 fr. »

STATISTISCHES GEMÆLDE DES KŒNIGREICHS BELGIEN (*Tableau statistique de la Belgique*). Dessau, Katz, 1853. Grand in-4°. 12 fr. »

BEVŒLKERUNGSWISSENSCHAFTLICHE STUDIEN. (*Études démographiques*). Leipzig. Brokhaus, 1854. Gr. in-8° de 318 pages. 8 fr. »

LES INSTITUTIONS DE CRÉDIT EN FRANCE. Leipzig, Hübner, 1857. 2e édition.. 2 fr. 75

JEAN LAW, *Étude d'histoire financière.* Leipzig, Hübner. 1858. Grand in-8°.. 5 fr. 75

LES FINANCES DE L'AUTRICHE. Paris, 1860. E. Dentu, 2e édition. » 50

LA CRISE COTONIÈRE ET LES TEXTILES INDIGÈNES. Paris, E. Dentu, 1863. 2e édition.............................. 1 fr. »

DU PROGRÈS ÉCONOMIQUE EN ÉGYPTE. Discours de réception prononcé à l'Institut égyptien. Alexandrie, 1864.......... » 50

CAISSES SYNDICALES. — QU'EST-CE QUE LE SYNDICAT DU CRÉDIT? — Deux brochures in-8°. 1867. Guillaumin et Ce.. 1 fr. »

Paris, imp. Balitout, Questroy et Ce, 7, rue Baillif et rue de Valois, 18.

www.ingramcontent.com/pod-product-compliance
Ingram Content Group UK Ltd.
Pitfield, Milton Keynes, MK11 3LW, UK
UKHW020440220726
13923UKWH00005B/2245

9 782019 272227